SANTA

SANTA

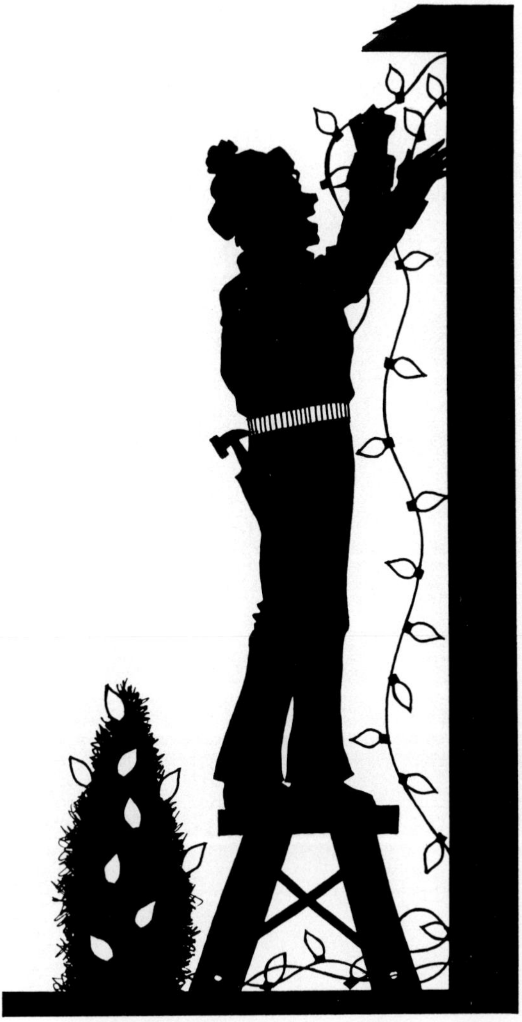

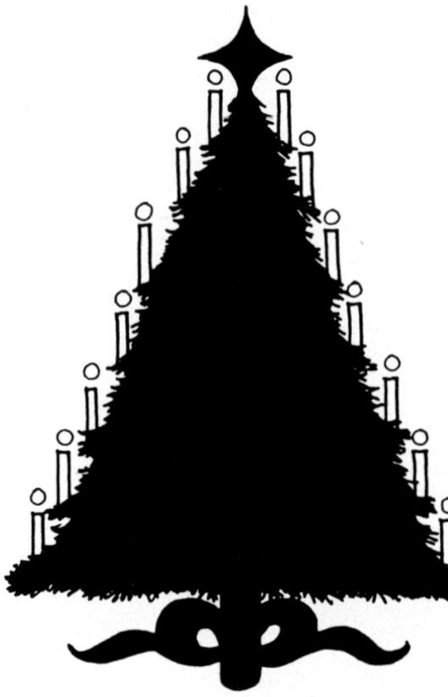

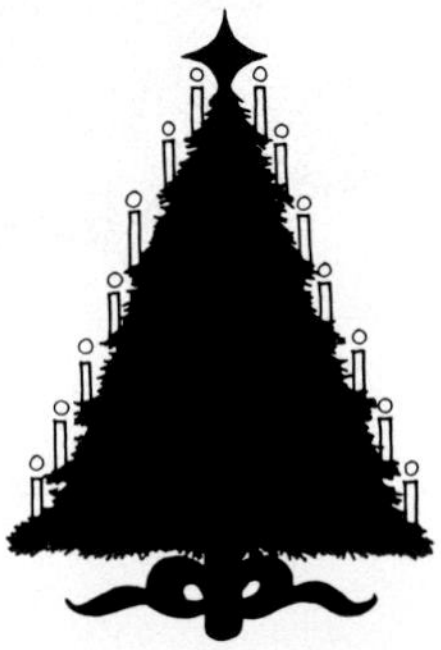

DEC.
26

DEC.
26

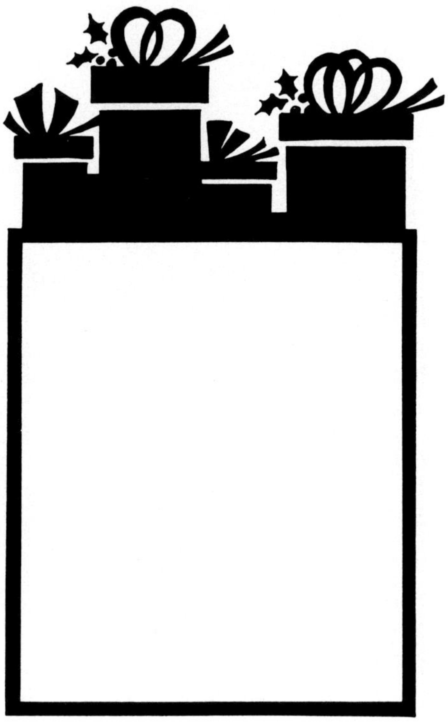

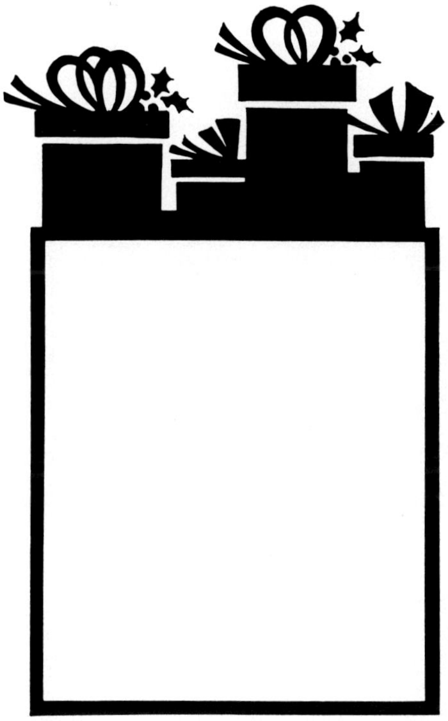

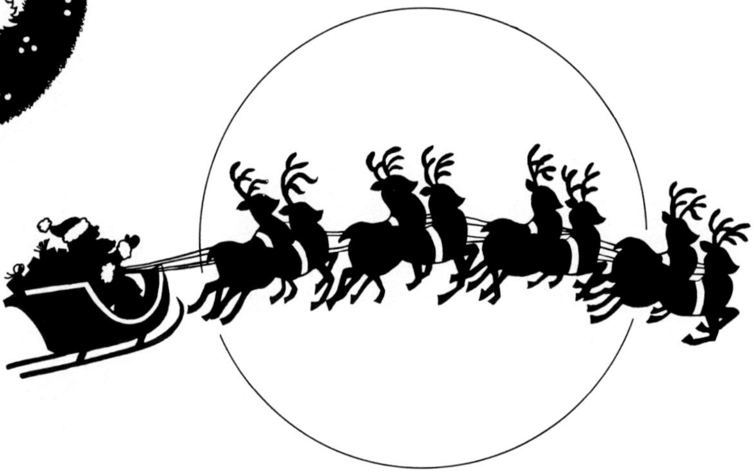

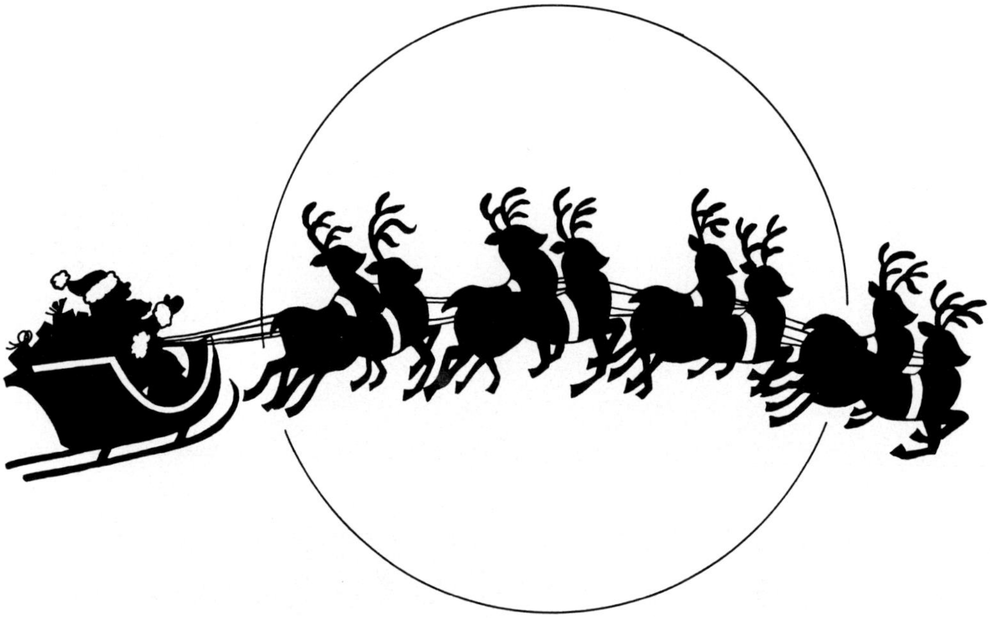

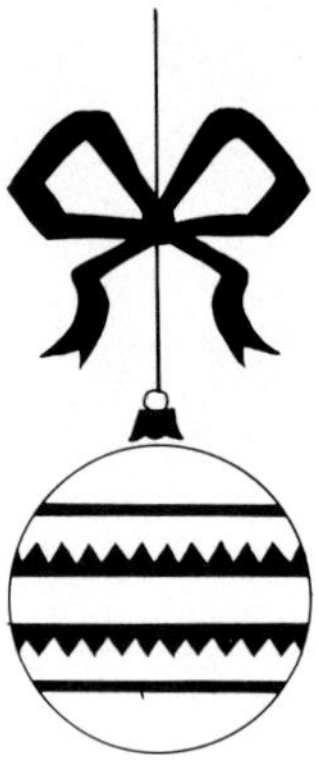

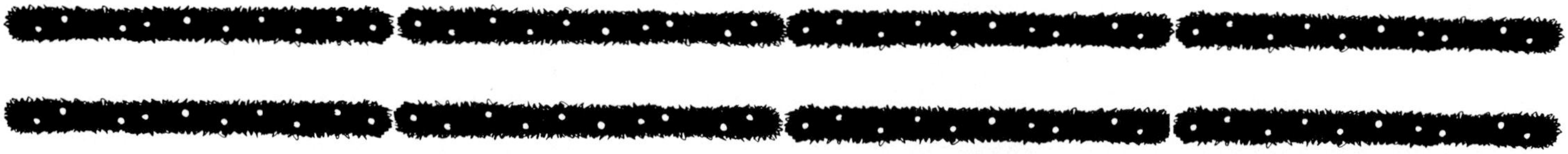

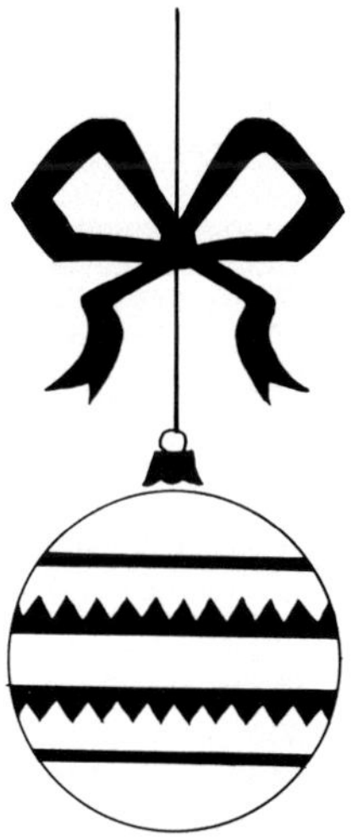

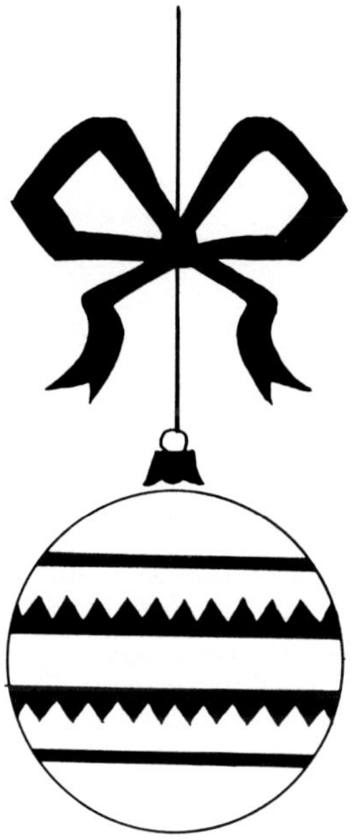